PROJET

D'AMORTISSEMENT

DES

1,300 millions dus à la Banque de France

ET DE LA

DETTE CONSOLIDÉE

PROJET D'AMORTISSEMENT

DES

1,300 millions dus à la Banque de France

ET DE LA

DETTE CONSOLIDÉE

s'élevant à 748,593,642 fr. de rentes annuelles.

L'adoption de ce projet contribuerait
puissamment à la grande prospérité de la France.

LILLE

IMPRIMERIE TYPOGRAPHIQUE DE A. MASSART

59, rue Nationale, 59

1874

PROJET D'AMORTISSEMENT

des

1,800 millions dus à la Banque de France

ET DE LA

DETTE CONSOLIDÉE

s'élevant à 748,593,642 fr. de rentes annuelles.

———————

L'adoption de ce projet contribuerait
puissamment à la grande prospérité de la France.

Prévoir aux budgets, à partir de 1874 et chaque
année, une somme de 200 millions :

1° Pour l'extinction, en 24 ans, des 1300 millions dus
à la Banque de France ;

2° Pour l'amortissement, en 82 années, de la dette
consolidée s'élevant à 748,593,642 francs de rentes
annuelles.

L'État doit à la Banque de France une somme de

1300 millions dont le remboursement doit être effectué en six ans et demi, par 200 millions par an outre les intérêts à raison de *un pour cent l'an*. Si la convention intervenue dans ce sens reçoit son exécution, la Banque touchera au total 49,500,000 francs d'intérêts ; tandis que si elle consentait à ne recevoir annuellement, en plus des intérêts à 1 %, que 50 millions pendant chacune des 23 premières années et 150 millions à la 24me année, époque de l'échéance de son privilége, elle toucherait 174 millions d'intérêts au lieu de 49 millions et demi ; soit un bénéfice supplémentaire de 124 millions et demi, en même temps que l'État, de son côté, réaliserait de ce chef un avantage de 696 millions, et que, par l'emploi annuel qu'il ferait, en achats de rentes, des 150 millions formant le complément des 200 millions, il rendrait six ans et demi plus vite à la circulation, c'est-à-dire à la disposition de l'agriculture, du commerce et de l'industrie, un capital d'un milliard environ : ce qui faciliterait les grandes entreprises et viendrait en aide au pays, pour faire face aux lourdes charges qui devront fatalement continuer encore longtemps à lui incomber par suite des malheureux évènements dont la France vient d'être accablée.

La dette consolidée grévant nos budgets s'élève à fr. 748,593,642 de rentes diverses, ce qui, au denier vingt, représente un capital de 14 milliards 971 millions 872 mille 840 francs que je propose d'amortir en 82 ans conformément au tableau ci-dessous.

De l'adoption de cette mesure, il résulterait que l'annuité fixée à 200 millions (comme celle prévue au budget de 1874) ne serait en réalité supportée pour ce chiffre qu'une seule fois, attendu que chaque année la dette consolidée serait diminuée proportionnellement à l'extinction de l'importance des rentes rachetées ; de façon qu'à l'expiration de la 24me année on aurait, outre les intérêts, remboursé à la Banque de France un capital de 1,300 millions, et la dette consolidée serait réduite de 165 millions de rentes représentant au denier vingt, 3 milliards 300 millions.

A partir de 1901, l'amortissement de 200 millions compris, le pays aurait moins à payer que s'il n'avait été rien amorti, et la dette consolidée continuant à être diminuée de dix millions de rentes chaque année, il ne resterait à payer, y compris l'amortissement :

En 1905 que 703 millions.
» 1915 » 603 »
» 1925 » 503 »
» 1935 » 403 »
» 1945 » 303 »
» 1955 » 75,466,482 pour solde.

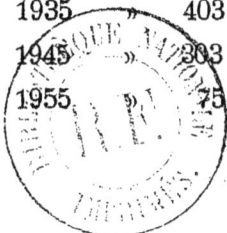

C'est-à-dire qu'à partir de 1956, les prévisions budgétaires pourraient être de 961,593,642 francs inférieures à celles de 1874.

On le voit, tout est à l'avantage de l'amortissement : en effet, si d'un côté les contribuables auraient à supporter un surcroit de charges pendant un certain nombre d'années, il ne faut pas perdre de vue, qu'à moins de création de nouvelles institutions, pour venir en aide aux classes pauvres, au profit desquelles on pourrait utiliser une partie des sommes à provenir des réductions opérées sur la dette consolidée, à partir de la 28me année ces charges seront moins lourdes que si l'on conservait la situation actuelle. Ce n'est donc que semer pour récolter; et un grand avantage qui en résultera pour le pays, c'est que chaque année, le capital employé à l'amortissement des rentes va se répartir dans toute la France en placements divers, au grand profit de l'agriculture, du commerce et de l'industrie, ce qui augmentera le bien-être de tous, et rendra notre pays, on peut l'espérer, le plus prospère du monde.

Je crois la France assez riche pour supporter 2 milliards 1/2 d'impôts, l'essentiel serait de viser à en améliorer la répartition.

A mon humble avis, une part des impôts devrait

être prise sur le capital ; elle pourrait sans inconvé-
nient grave être fixée à trente centimes par cent francs
de la fortune réelle de chacun, c'est-à-dire les dettes
passives réduites. Comme M. Menier j'entends par
fortune réelle la valeur totale de ce que l'on possède
sans distinction de forme : valeurs mobilières et
immobilières, capitaux employés dans toutes les
entreprises, meubles, objets d'art, etc.

Une autre part pourrait également être prise sur
les bénéfices réalisés, dans toutes les entreprises
commerciales, industrielles, agricoles, en excédant
5 % pour intérêts des capitaux engagés, c'est-à-dire
sur les dividendes ; cet impôt pourrait être établi à
raison du vingtième des bénéfices réalisés en plus de
l'intérêt des capitaux engagés dans les affaires.

Moyennant l'établissement de ces deux nouveaux
impôts qui produiraient probablement plus d'un milliard chaque année, il va sans dire que tous les impôts et augmentations d'impôts qui ont été établis
depuis le 1er juillet 1870 seraient abolis et que ce qui
resterait en excédant de recettes serait employé à
l'allègement des divers impôts et taxes de consom-
mation.

Que pourrait-on trouver d'excessif dans trente centimes par cent francs sur les fortunes particulières

et dans un vingtième des bénéfices réalisés supplémentairement au prélèvement déjà opéré d'un intérêt de 5 °/₀ sur le capital, alors qu'aujourd'hui sur le revenu des obligations aux porteurs représentant les emprunts faits par les villes, l'impôt s'élève à plus de 7 °/₀. (Sur les coupons de la ville de Lille emprunt de 1868, à 4 1/2 pour cent, il est retenu quatre-vingts centimes sur fr. 11,25 c.)

On a beaucoup parlé d'établir un impôt sur les transactions commerciales ; cet impôt a été rejeté, il aurait vraiment fallu ne pas savoir ce que sont les opérations du négoce, pour s'arrêter un instant à un projet si malencontreux ; non-seulement, pareille mesure aurait été *inique*, mais encore les conséquences qui auraient pu en résulter auraient été désastreuses pour la France, qui, pour beaucoup de produits, serait devenue tributaire du commerce des pays voisins et aurait trouvé en outre un amoindrissement dans l'importance de sa marine marchande. Comment ! l'on aurait frappé d'un droit spécial toutes les opérations commerciales plus ou moins aléatoires, sans se préoccuper si elles devaient produire de la perte ou un bénéfice quelconque !

Un pareil impôt aurait porté un tel trouble dans les affaires, que la grande spéculation sur toutes choses aurait été paralysée. S'imagine-t-on le trouble que pa-

reille mesure aurait porté dans la plupart de nos in-
dustries qui auraient été continuellement en butte à
de grandes irrégularités dans le prix de toutes sortes
de marchandises. Dans un autre ordre d'idées, suppo-
sons plusieurs années successives de récoltes en blé
de beaucoup insuffisantes à l'alimentation de notre
population : n'est-il pas évident que l'impôt sur les
transactions ayant considérablement diminué le
nombre de spéculateurs sur cette denrée, il en serait
résulté des approvisionnements moins importants,
conséquemment des prix excessifs, et qui sait, pour-
quoi ne le dirais-je pas ? peut-être une famine plus ou
moins intense !

En maintenant les recettes annuelles de l'Etat à 2
milliards 500 millions, on pourrait au fur et à mesure
des diminutions produites par les réductions sur la
dette consolidée actuelle, employer l'importance de
ces diminutions à améliorer le sort des classes
pauvres, tant par l'extension de l'instruction publique
à la jeunesse, que par des institutions de prévoyance
pour venir plus efficacement et plus honorablement
en aide à la vieillesse et aux infirmes.

Dans le tableau ci-dessous je prendrai pour base
de mes calculs les prévisions du budget de 1874,
fixées comme suit :

1º 748,593,642 dette consolidée (rentes).

2º 200,000,000 amortissement de la dette à la Banque de France.

3º   13,000,000 intérêt à 1 º/º sur 1300 millions dus à la Banque
de France.

Total 961,593,642 francs.

J'ai adopté le denier vingt, (bien qu'au taux actuel de la rente les calculs auraient pu être faits autrement) parce que l'amortissement s'effectuant d'après les bases indiquées, il s'écoulera peu d'années avant que la rente cinq pour cent ne dépasse le cours de 100 francs. Il me paraît même certain que plus on approchera du terme de l'amortissement, plus la rente montera ; ce qui probablement reculera de plusieurs années le terme de la dernière annuité fixé à l'année 1955 ; il n'y a pas à se préoccuper de cette éventualité, attendu que ce serait la preuve de la prospérité nationale.

Lille le 21 février 1874.

HENRI SIX.

Années	Nᵒˢ des annuités	PAIEMENT A LA BANQUE DE FRANCE		AMORTISSEMENT DE LA DETTE CONSOLIDÉE		Prévisions
		Capital	Int. en millions	Rentes dûes	Annuitée	budjétaires
						fr
1874	1ʳᵉ	50,000,000	13	748,593,642	150,000,000	961,593,642
1875	2ᵉ	50,000,000	12 1/2	741,093,642	150,000,000	953,593,642
1876	3ᵉ	50,000,000	12	733,593,642	150,000,000	945,593,642
1377	4ᵉ	50,000,000	11 1/2	726,093,642	150,000,000	937,593,642
1878	5ᵉ	50,000,000	11	718,593,642	150,000,000	929,593,642
1879	6ᵉ	50,000,000	10 1/2	711,093,642	150,000,000	921,593,642
1880	7ᵉ	50,000,000	10	703,593,642	150,000,000	913,593,642
1881	8ᵉ	50,000,000	9 1/2	696,093,642	150,000,000	905,593,642
4882	7ᵉ	50,000,000	9	688,593,642	150,000,000	897,593,642
1883	10ᵉ	50,000,000	8 1/2	681,093,642	150,000,000	889,593,642
1884	11ᵉ	50,000,000	8	673,593,642	150,000,000	881,593,642
1885	12ᵉ	50,000,000	7 1/2	666,093,642	150,000,000	873,593,642
1886	13ᵉ	50,000,000	7	658,593,642	150,000,000	865,593,642
1887	14ᵉ	50,000,000	6 1/2	651,093,642	150,000,000	857,593,642
1888	15ᵉ	50,000,000	6	643,593,642	150,000,000	849,593,642
1889	16ᵉ	50,000,000	5 1/2	636,093,642	150,000,000	841,593,642
1890	17ᵉ	50,000,000	5	628,593,642	150,000,000	833,593,642
1891	18ᵉ	50,000,000	4 1/2	621,093,642	150,000,000	825,593,642
1892	19ᵉ	50,000,000	4	613,593,642	150,000,000	817,593,642
1893	20ᵉ	50,000,000	3 1/2	606,093,642	150,000,000	809,593,642
1894	21ᵉ	50,000,000	3	598,593,642	150,000,000	801,593,642
1895	22ᵉ	50,000,000	2 1/2	591,093,642	150,000,000	793,593,642
1896	23ᵉ	50,000,000	2	583,593,642	150,000,000	785,593,642
1897	24ᵉ	150,000,000	1 1/2	576,093,642	50,000,000	777,593,642
1898	25ᵉ	Solde à la Banque de France.		573,593,642	200,000,000	773,593,542
1899	26ᵉ			563,593,642	200,000,000	763,593,642
1900	27ᵉ			553,593,642	200,000,000	753,593,642
1901	28ᵉ			543,593,642	200,000,000	743,593,642
1902	29ᵉ			533,593,642	200,000,000	733,593,642
1903	30ᵉ			523,593,642	200,000,000	723,593,642
1904	31ᵉ			513,593,642	200,000,000	713,593,642
1905	32ᵉ			503,593,642	200,000,000	703,593,642
1906	33ᵉ			493,593,642	200,000,000	693,593,642
1907	34ᵉ			483,593,642	200,000,000	683,593,642
1908	35ᵉ			473,593,642	200,000,000	673,593,642
1909	36ᵉ			463,593,642	200,000,000	663,593,642
1910	37ᵉ			453,593,642	200,000,000	653,593,642
1911	38ᵉ			443,593,642	200,000,000	643,593,642
1912	39ᵉ			433,593,642	200,000,000	633,593,642
1913	40ᵉ			423,593,642	200,000,000	623,593,642
1914	41ᵉ			413,593,642	200,000,000	613,593,642
1915	42ᵉ			403,593,642	200,000,000	603,593,642
1916	43ᵉ			393,593,642	200,000,000	593,593,642
1917	44ᵉ			383,593,642	200,000,000	583,593,642
1918	45ᵉ			373,593,642	200,000 000	573,593,642
1919	46ᵉ			363,593,642	200,000,000	563,593,642
1920	47ᵉ			353,593,642	200,000,000	553,593,642
1921	48ᵉ			243,593,642	200,000,000	543,593,642
1922	49ᵉ			333,593,642	200,000,000	533,593,642

Années	Nᵒˢ dés annuités	SUITE DE L'AMORTISSEMENT DE LA DETTE CONSOLIDÉE		Prévisions budgétaires	
		Rentes dûes	Annuités		
1923	50e	323,593,642	200,000,000	523,593,642	
1924	51e	313,593,642	200,000,000	513,593,642	
1925	52e	303,593,642	200,000,000	503,593,642	
1926	53e	293,593,642	200,000,000	493,593,642	
1927	54e	283,593,642	200,000,000	483,593,642	
1928	55e	273,593,642	200,000,000	473,593,642	
1929	56e	263,593,642	200,000,000	463,593,642	
1930	57e	253,593,642	200,000,000	453,593,642	
1931	58e	243,593,642	200,000,000	443,593,642	
1932	59e	233,593,642	200,000,000	433,593,642	
1933	60e	223,593,642	200,000,000	423,593,642	
1934	61e	213,593,642	200,000,000	413,593,642	
1935	62e	203,593,642	200,000,000	403,593,642	
1936	63e	193,593,642	200,000,000	393,593,642	
1937	64e	183,593,642	200,000,000	383,593,642	
1938	65e	173,593,642	200,000,000	373,593,642	
1939	66e	163,593,642	200,000,000	363,593,642	
1940	67e	153,593,642	200,000,000	353,593,642	
1941	68e	143,593,642	200,000,000	343,593,642	
1942	69e	133,593,642	200,000,000	333,593,642	
1943	70e	123,593,642	208,000,000	323,593,642	
1944	71e	113,593,642	200,000,000	313,593,642	
1945	72e	103,593,642	200,000,000	303,593,642	
1946	73e	93,593,642	200,000,000	293,593,642	
1947	74e	83,593,642	200,000,000	283,593,642	
1948	75e	73,593,642	200,000,000	273,593,642	
1949	76e	63,593,642	200,000,000	263,593,642	
1950	77e	53,593,642	200,000,000	253,593,642	
1951	78e	43,593,642	200,000,000	243,593,642	
1952	79e	33,593,642	200,000,000	233,593,642	
1953	80e	23,593,642	200,000,000	223,593,642	
1954	81e	13,593,642	200,000,000	213,593,642	
1955	82e	3,593,642	71,872,840	75,466,482	Solde de la dette consolidée.

Lille, le 21 février 1874.

HENRI SIX.

Lille. — Imprimerie A. Massart, rue Nationale, 59.